I0759671

GUÍA DE LA RANITA PARA LA VIDA

MAYBELL EEQUAY

REM*life*

THE LITTLE FROG'S GUIDE TO LIFE
GUÍA DE LA RANITA PARA LA VIDA

Loreto 13-15, Local B. 08029 Barcelona - España
revertemanagement.com

Fecha de publicación: Octubre 2025

Edición en papel
ISBN: 978-84-10121-35-5

Edición en ebook
ISBN: 978-84-291-9893-5

Editores: Ariela Rodríguez / Ramón Reverté
Coordinación editorial y maquetación: Patricia Reverté
Traducción y revisión de textos: Mariló Caballer Gil

Impreso en España - Printed in Spain
Depósito legal: B 15850-2025
Impresión y encuadernación: Liberdúplex
Barcelona - España

146

PARA TODAS ESAS RANITAS
QUE SE ESFUERZAN AL MÁXIMO
PARA DAR SENTIDO A ESTE HERMOSO Y
EXTRAÑO MUNDO EN EL QUE VIVIMOS.

UN AGRADECIMIENTO ESPECIAL
A MI MAMÁ Y A JUJU,
POR AYUDARME A ENCONTRAR LA MAGIA,
POR INSPIRARME Y TRANSMITIRME
SUS LECCIONES INCLUSO EN
LOS MOMENTOS MÁS DIFÍCILES.

CONECTA CONTIGO MISMA

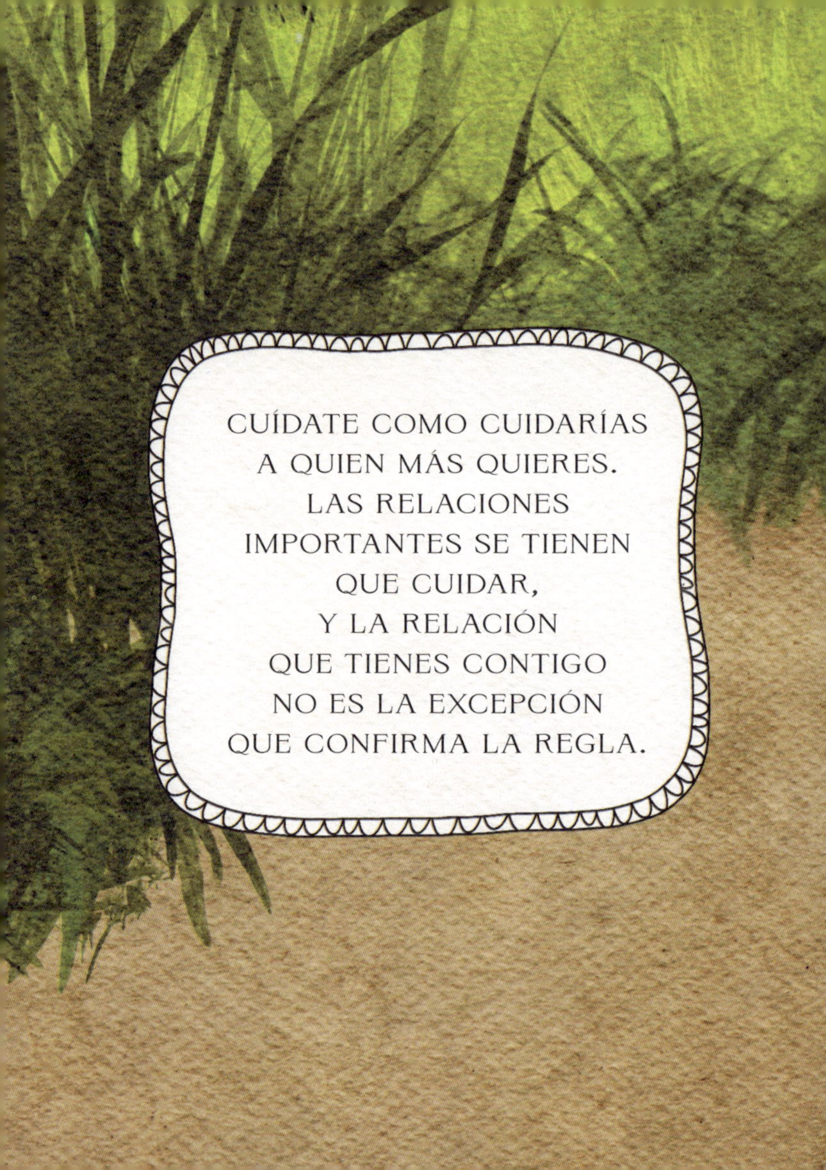

CUÍDATE COMO CUIDARÍAS
A QUIEN MÁS QUIERES.
LAS RELACIONES
IMPORTANTES SE TIENEN
QUE CUIDAR,
Y LA RELACIÓN
QUE TIENES CONTIGO
NO ES LA EXCEPCIÓN
QUE CONFIRMA LA REGLA.

CUANDO INTENTAS HACER CAMBIOS PROFUNDOS Y MEJORAR TU VIDA, ES IMPORTANTE QUE VAYAS PASO A PASO Y QUE TENGAS PACIENCIA. SI LENTAMENTE VAS INCORPORANDO UNA O DOS NOVEDADES EN TU VIDA, ES MÁS PROBABLE QUE LAS MANTENGAS A LARGO PLAZO QUE SI HACES MUCHOS CAMBIOS AL MISMO TIEMPO.

ANALIZA CON CALMA CÓMO
TE HABLAS Y QUÉ PIENSAS DE TI.
SI VES QUE TUS DIÁLOGOS INTERNOS TIENDEN
A SER BRUSCOS, EXIGENTES O INCLUSO
ANTIPÁTICOS, INTENTA DETECTARLOS
EN EL MISMO MOMENTO
EN EL QUE SE INICIAN, PARA CAMBIARLOS
POR OTROS MÁS AMABLES.

AL PRINCIPIO, QUIZÁ TE PAREZCA UNA
TONTERÍA, PERO CON EL TIEMPO LA
RELACIÓN QUE MANTIENES CON TU PROPIO
SER PUEDE TRANSFORMARSE POR COMPLETO.

Voy a ser más
amable contigo.

CUANDO SIENTAS
QUE TU MUNDO SE
DESMORONA, REPÍTETE:
«TODO IRÁ BIEN».
INTENTA SENTIR
Y CREERTE ESTAS
PALABRAS AL CIEN
POR CIEN... YA QUE, EN
LÍNEAS GENERALES,
TODO IRÁ BIEN.

POR LA MAÑANA, ANTES DE REVISAR TUS CORREOS, TUS MENSAJES Y TUS REDES SOCIALES, TÓMATE TU TIEMPO PARA IR DESPEJÁNDOTE Y PREPARÁNDOTE PARA EMPRENDER EL NUEVO DÍA. TE SORPRENDERÁ LA LUCIDEZ MENTAL QUE TIENES SI NO HAS MIRADO TU TELÉFONO HASTA DESPUÉS DE HABER INICIADO LA JORNADA CON CALMA.

¡No!

ATRÉVETE A HACER COSAS NUEVAS, AUNQUE NO SEAN TU ESPECIALIDAD.

La realidad:

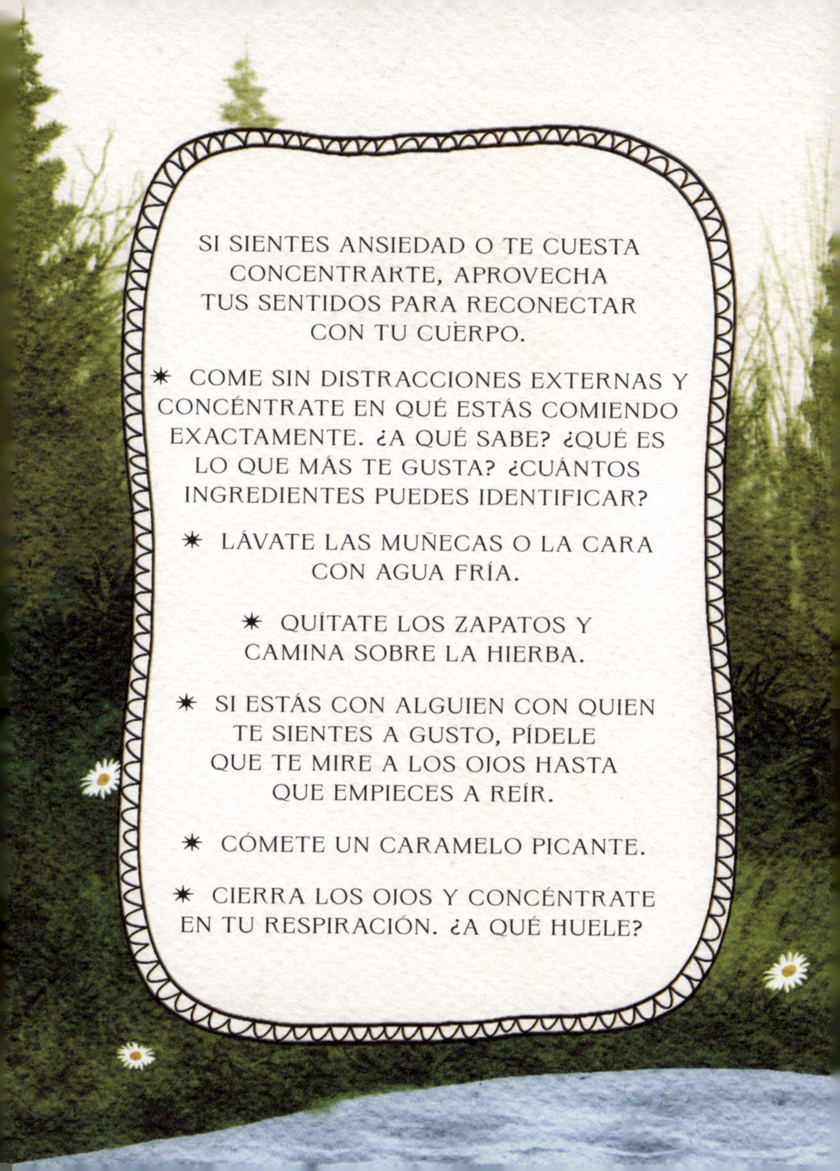

SI SIENTES ANSIEDAD O TE CUESTA CONCENTRARTE, APROVECHA TUS SENTIDOS PARA RECONECTAR CON TU CUERPO.

* COME SIN DISTRACCIONES EXTERNAS Y CONCÉNTRATE EN QUÉ ESTÁS COMIENDO EXACTAMENTE. ¿A QUÉ SABE? ¿QUÉ ES LO QUE MÁS TE GUSTA? ¿CUÁNTOS INGREDIENTES PUEDES IDENTIFICAR?

* LÁVATE LAS MUÑECAS O LA CARA CON AGUA FRÍA.

* QUÍTATE LOS ZAPATOS Y CAMINA SOBRE LA HIERBA.

* SI ESTÁS CON ALGUIEN CON QUIEN TE SIENTES A GUSTO, PÍDELE QUE TE MIRE A LOS OJOS HASTA QUE EMPIECES A REÍR.

* CÓMETE UN CARAMELO PICANTE.

* CIERRA LOS OJOS Y CONCÉNTRATE EN TU RESPIRACIÓN. ¿A QUÉ HUELE?

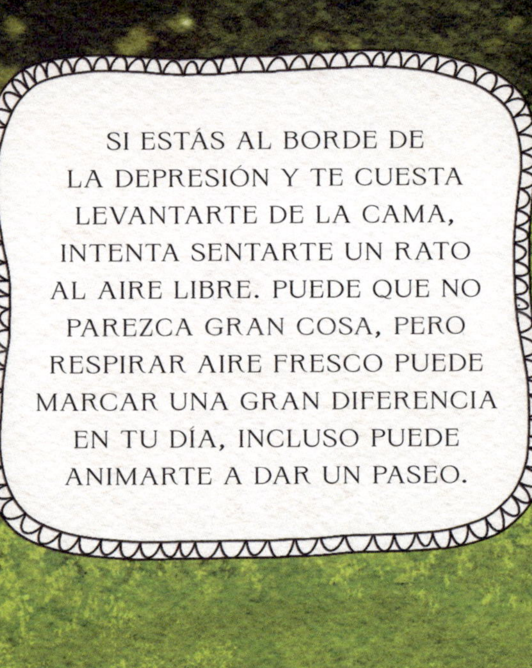

SI ESTÁS AL BORDE DE LA DEPRESIÓN Y TE CUESTA LEVANTARTE DE LA CAMA, INTENTA SENTARTE UN RATO AL AIRE LIBRE. PUEDE QUE NO PAREZCA GRAN COSA, PERO RESPIRAR AIRE FRESCO PUEDE MARCAR UNA GRAN DIFERENCIA EN TU DÍA, INCLUSO PUEDE ANIMARTE A DAR UN PASEO.

Realmente, esto
es bastante
agradable.

¿TIENES ALGÚN PREJUICIO
QUE TE IMPIDE SER MÁS FELIZ?
CADA UNO TIENE LOS SUYOS PROPIOS,
PERO PODRÍAN SER SIMILARES A ESTOS:

- CREO QUE NO MEREZCO QUE ME QUIERAN.
- CREO QUE SOY UNA PERSONA DESAFORTUNADA.
- CREO QUE NO SOY INTELIGENTE.
- CREO QUE NO SOY BUENA PERSONA.
- CREO QUE SOY FEA.

A LO MEJOR, EN ALGÚN MOMENTO DE TU VIDA
TE HAN DICHO COSAS SIMILARES O
LAS HAS PENSADO Y, A LO MEJOR,
LAS HAS INTERIORIZADO COMO
SI FUERAN VERDADES ABSOLUTAS...
¡PERO NO LO SON! PUEDES PLANTEARTE
ESAS CREENCIAS Y, CON UN POCO DE PRÁCTICA,
DESHACERTE DE ELLAS DE UNA VEZ POR TODAS.

BUSCA TUS PEQUEÑOS TESOROS Y RELIQUIAS. SÁCALOS, DESEMPÓLVALOS, ARRÉGLALOS... ¿QUÉ SENTIMIENTOS TE TRANSMITEN? ¿POR QUÉ SON ESPECIALES PARA TI? A VECES, PASAR UN RATO CON NUESTROS PEQUEÑOS TESOROS TERRENALES PUEDE SER COMO VISITAR A UN VIEJO AMIGO.

SI APRENDES A DISFRUTAR DE TU PROPIA COMPAÑÍA, SIEMPRE TENDRÁS A ALGUIEN CON QUIEN DIVERTIRTE Y ESTAR A GUSTO. SABER PASAR MOMENTOS A SOLAS PUEDE ABRIRTE LAS PUERTAS A UNA PERSPECTIVA COMPLETAMENTE NUEVA DE LA VIDA.

TEN A MANO UN DIARIO. ESCRIBIR
UN DIARIO TE AYUDARÁ A PROCESAR TUS
EMOCIONES, REDUCIR EL ESTRÉS, PLASMAR
DETALLES DE LA VIDA COTIDIANA Y CREAR
UN ESPACIO DONDE GUARDAR
TUS RECUERDOS. ADEMÁS, SI ANOTAS
TUS SUEÑOS Y DESEOS, PUEDE CONVERTIRSE
EN UNA MUY BUENA HERRAMIENTA PARA
EXPLORAR TU CORAZÓN Y TU MENTE Y,
ASÍ, DESCUBRIR QUÉ ES LO QUE DESEAS.

CON EL PASO DEL TIEMPO,
MIRAR ATRÁS Y REFLEXIONAR
SOBRE TUS IDEAS, SENTIMIENTOS,
RECUERDOS Y SUEÑOS TE ACERCARÁ
A TU PROPIO SER MÁS
DE LO QUE TE IMAGINAS.
Y, PROBABLEMENTE, DESCUBRIRÁS
QUE ALGUNAS DE LAS COSAS QUE TIENES
HOY EN DÍA SON DESEOS DE TU PASADO.

Aug. 1
By this time
next year
I will feel so
much more

CINCO IDEAS PARA TU DIARIO

HAZ UN BALANCE DE TU VIDA:

✷ ¿QUÉ ES LO QUE DESEAS?
INCLUYE TANTO LAS COSAS GRANDES
COMO LAS PEQUEÑAS.

✷ ¿QUÉ TE HACE FALTA?

✷ ¿QUÉ TE DESMORALIZA?

✷ ¿QUÉ TE ANIMA O QUÉ TE ANIMARÍA?

✷ ¿QUÉ TE GUSTARÍA AÑADIR
A TU VIDA O A QUÉ TE GUSTARÍA
DEDICAR MÁS TIEMPO?

¿QUÉ HARÍAS
SI NO TUVIERAS
MIEDO?

¿QUÉ SUEÑOS DEL PASADO SE HAN CUMPLIDO?

ESTA SEMANA
QUIERO
DEDICARME
A ________________.

¿CÓMO TE GUSTARÍA QUE FUERA TU VIDA DENTRO DE UN AÑO?

CONECTA CON LA GENTE Y EL MUNDO QUE TE RODEA

SI QUIERES AÑADIR ALGO DE DULZURA A LA VIDA, ESCRIBE UNA CARTA A UN DESCONOCIDO, DESEÁNDOLE COSAS BUENAS, Y DÉJALA EN UN BANCO PÚBLICO.

SI TIENES ALGUNAS MONEDAS SUELTAS, PUEDES DEJARLE ALGUNAS PARA QUE SE TOME UN CAFÉ O SE DÉ UN CAPRICHO.

Hola.

SI ALGÚN ANIMAL, PLANTA O INSECTO APARECE A MENUDO EN TU VIDA, PRÉSTALE ATENCIÓN. ¿CÓMO ES? ¿PUEDE DARTE ALGUNA LECCIÓN? NO TODO TIENE QUE SER UNA SEÑAL O UNA ENSEÑANZA, PERO SI ALGO SE DEJA VER CONTINUAMENTE Y DESPIERTA TU INTERÉS, QUIZÁ LO SEA.

Gracias por
llevarme.
De nada.

NO TEMAS ACEPTAR
UNA AYUDA CUANDO
LA NECESITES.

¡Espera!

SI TIENES A UN AMIGO, UN SER QUERIDO O UN CONOCIDO QUE VIVE LEJOS, PÍDELE QUE SE CARTEE CONTIGO. RECIBIR CARTAS ESCRITAS A MANO DE ALGUIEN QUE TE IMPORTA ES UN VERDADERO TESORO, Y NORMALMENTE SE CREA UN VÍNCULO POR EL QUE AMBOS ESPERARÉIS LAS PALABRAS DEL OTRO CON ILUSIÓN.

SI HAY ALGO QUE TE GUSTE DE UNA PERSONA, ¡DÍSELO! (AUNQUE SE TRATE DE UN DESCONOCIDO). A MENUDO, ADMIRAMOS ASPECTOS DE LAS PERSONAS, PERO NO SE LO DECIMOS EN VOZ ALTA, Y NUNCA SE SABE LO IMPORTANTE QUE PUEDE SER PARA ELLAS QUE LES DIGAMOS LO QUE PENSAMOS.

Gracias.
Me encantan
tus botas.

NO INFRAVALORES LO
SALUDABLE QUE PUEDE SER
SENTARSE TRANQUILAMENTE
AL LADO DEL AGUA, MIRAR EL
CIELO POR LA NOCHE O SALIR
A ANDAR POR EL BOSQUE.

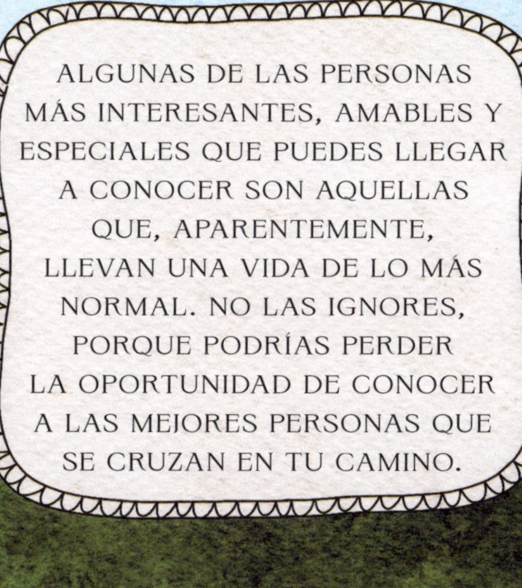
ALGUNAS DE LAS PERSONAS MÁS INTERESANTES, AMABLES Y ESPECIALES QUE PUEDES LLEGAR A CONOCER SON AQUELLAS QUE, APARENTEMENTE, LLEVAN UNA VIDA DE LO MÁS NORMAL. NO LAS IGNORES, PORQUE PODRÍAS PERDER LA OPORTUNIDAD DE CONOCER A LAS MEJORES PERSONAS QUE SE CRUZAN EN TU CAMINO.

MANTÉN
SIEMPRE
TU MENTE
ABIERTA PARA
APRENDER.

¡HAY MUCHÍSIMAS MANERAS DE
CONECTAR CON LA GENTE Y CON EL MUNDO
QUE TE RODEA! ENTÉRATE DE CUÁNDO SERÁ
LA PRÓXIMA LLUVIA DE ESTRELLAS
EN TU ZONA, EXTIENDE UNA MANTA
SOBRE EL CÉSPED Y MIRA AL CIELO;
SI VES UNA ABEJA CON DIFICULTADES,
PONLE UN POCO DE AGUA CON AZÚCAR;
MANTÉN LA PUERTA ABIERTA Y DEJA PASAR
A ESA PERSONA QUE VA DETRÁS DE TI;
HAZ VOLUNTARIADO EN TU BARRIO;
CONOCE A TUS VECINOS.
LA VIDA ES MÁGICA Y TE DA SORPRESAS.

PEQUEÑOS RECORDATORIOS

SI BUSCAS EL LADO
BELLO DE LA VIDA,
LO ENCONTRARÁS.

TE QUEDAN MUCHOS
«MEJORES DÍAS DE TU VIDA»
POR DELANTE.

NO ES NECESARIO
QUE SEAS ALGUIEN
SENSACIONAL.

LO QUE TÚ ERES,
EN ESENCIA, ES ALGO
MÁGICO QUE NADIE
PUEDE REPRODUCIR.

TÚ NO SOLO ERES
TUS PEORES
MOMENTOS.

PUEDES CRECER Y
EVOLUCIONAR SIN DEJAR
DE SER TÚ MISMA.
A VECES,
EXPERIMENTANDO
COSAS NUEVAS
CONSIGUES
ENCONTRARTE,
Y ESO ES ALGO QUE
DEBERÍAMOS HACER
TODOS DE VEZ
EN CUANDO.

NO TODOS LOS CAPÍTULOS DE TU VIDA TIENEN QUE SER MEMORABLES O EMOCIONANTES.

SABER ESTAR SIN HACER
NADA TAMBIÉN
ES IMPORTANTE.

NO PASA NADA SI NO TIENES
EL «TRABAJO DE TUS SUEÑOS».
LO QUE HACES PARA
MANTENERTE NO TIENE
POR QUÉ DEFINIR QUIÉN ERES
COMO PERSONA. ERES MUCHO
MÁS QUE LO QUE HACES PARA
PAGAR TUS FACTURAS.

DÉJATE SORPRENDER.
ENCONTRARÁS LA MAGIA EN
LOS LUGARES MENOS PENSADOS.

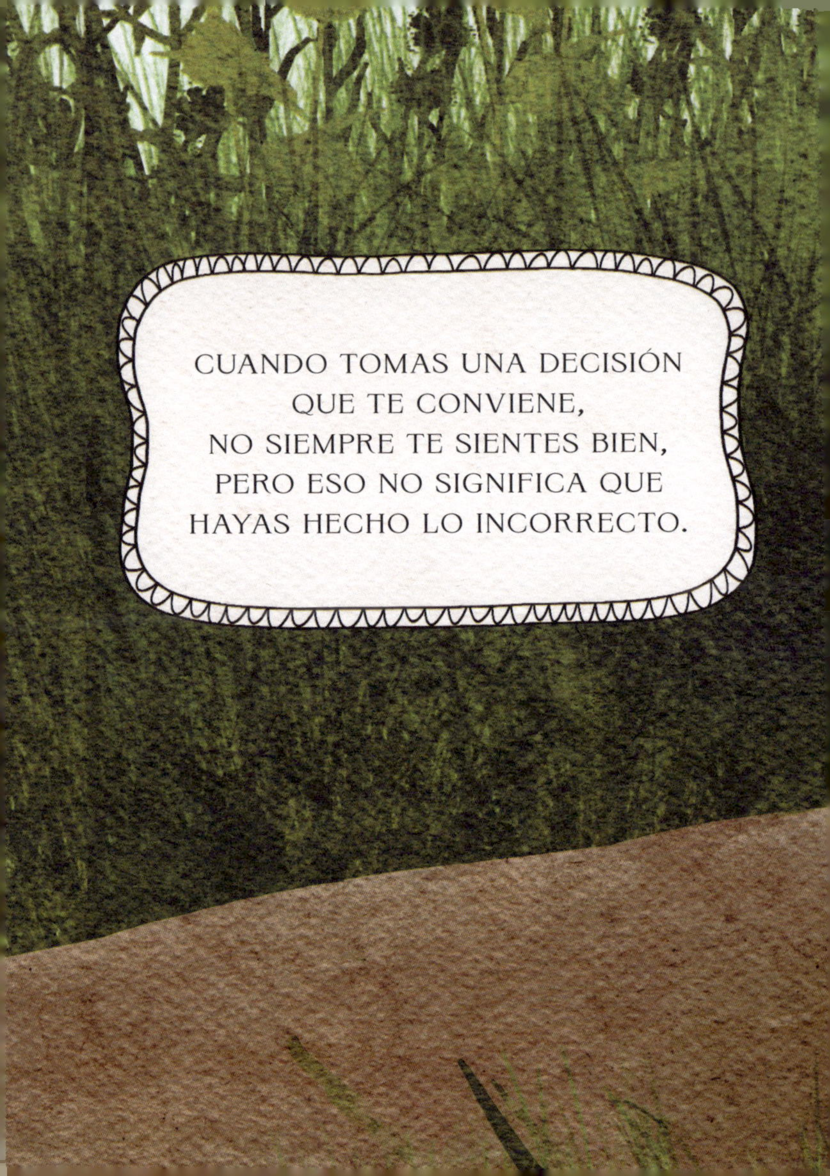
CUANDO TOMAS UNA DECISIÓN
QUE TE CONVIENE,
NO SIEMPRE TE SIENTES BIEN,
PERO ESO NO SIGNIFICA QUE
HAYAS HECHO LO INCORRECTO.

DEJA QUE TUS SENTIMIENTOS INTENSOS SE MANTENGAN EL TIEMPO NECESARIO. PROCESAR TUS EMOCIONES, ESPECIALMENTE LAS MÁS FUERTES, PUEDE AYUDARTE A COMPRENDER MEJOR QUÉ ESTÁS SINTIENDO Y CÓMO ACTUAR.

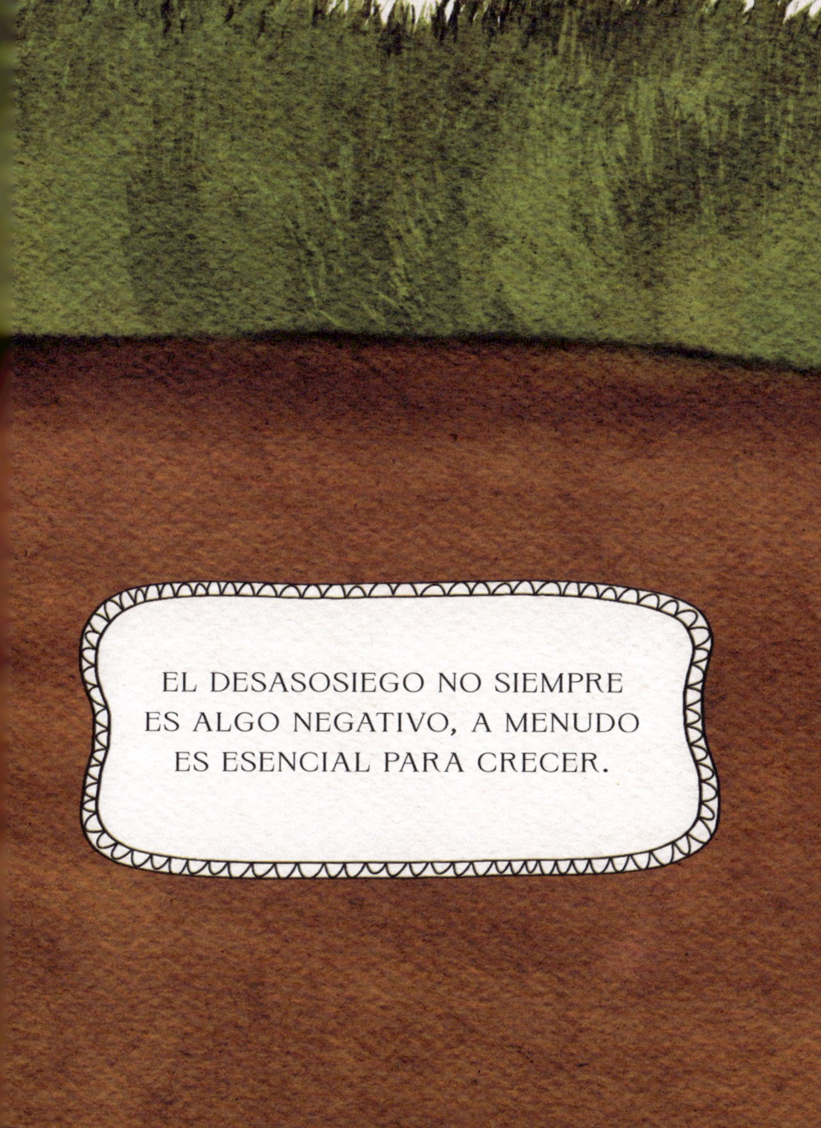
EL DESASOSIEGO NO SIEMPRE
ES ALGO NEGATIVO, A MENUDO
ES ESENCIAL PARA CRECER.

ALGUNAS DE LAS MEJORES ETAPAS DE TU VIDA LAS DISFRUTARÁS POR HABERTE ATREVIDO A DAR UN PASO HACIA LO DESCONOCIDO.
Soy valiente, y esto tendrá buenas consecuencias.

CAMINO
DESCONOCIDO

RECUERDA QUE HAS RECORRIDO GRAN PARTE DEL CAMINO Y HAS SUPERADO MUCHOS RETOS. CUIDA A QUIENES TE HACEN REÍR Y DISFRUTA TAMBIÉN DE LOS PEQUEÑOS MOMENTOS DE FELICIDAD. EN ESTA VIDA, ES MUY FÁCIL HACERSE INSENSIBLE, PERO LO MÁS VALIENTE ES MANTENER TU SENSIBILIDAD. EL MUNDO NECESITA DESESPERADAMENTE MÁS TERNURA.

ERES LA MAGIA
EN PERSONA.

... ¡que no se te
olvide!

SOBRE LA AUTORA

Maybell Eequay es una artista multidisciplinar afincada en Minnesota. Nacida y criada en el pintoresco valle del río Saint Croix, Maybell se inspira principalmente en los recuerdos de su infancia, así como en su fascinación por los libros infantiles antiguos y por pequeños objetos corrientes. Hija de dos artistas, se crió en un hogar lleno de creatividad, y comenzó a desarrollar su arte desde muy pequeña, desde que pudo sostener un lápiz. Hoy en día, su obra se caracteriza por evocar una nostalgia sutil, que combina mensajes entrañables con un toque de ingenioso humor.

Puedes seguir su trabajo en Instagram:
@maybell.eequay

TAMBIÉN DE MAYBELL EEQUAY:

GUÍA DE
LA RANITA
PARA QUERERTE
MÁS
CADA DÍA

978-84-10121-29-4

Gracias

REMlife

En REM*life* imprimimos todos nuestros libros con papeles ecológicos certificados FSC que contribuyen al uso responsable y conservación de los bosques.

100% sostenible / 100% responsable / 100% comprometidos